차곡차곡 댐

후지와라 데츠지 그림 | 최진선 옮김 | 김성렬 감수

너머학교

차례

[공사를 시작하며] **생활을 지켜 주는 댐** ········ 3

댐을 만들자 ········ 4

　댐을 만들자 ········ 6
　강물의 흐름을 바꾸자 ········ 8
　공사 재료 운반 ········ 10
　드디어 댐 건설 시작! ········ 12
　눌러 가며 굳히기 ········ 14
　몸체를 더 단단하게 ········ 16
　밤에도 굳혀서 단단하게 ········ 18
　시설을 만들자 ········ 20

댐이 완성됐다! ········ 22

[공사를 마치며] **멀지만 가까운 댐** ········ 24

어떤 댐이 있지? 이런 댐이 있어! ········ 25

　댐의 시작 - 물을 보관하는 저수지 ········ 25
　모양이 서로 달라! - 여러 가지 댐 ········ 26
　엄청나다! 멋지다! - 세계의 댐 ········ 27
　댐 공사에서 활약하는 중장비들 ········ 30

[공사를 시작하며]
생활을 지켜 주는 댐

우리 일상에서 물은 없으면 안돼요.
목이 마를 때, 음식을 만들 때, 옷을 세탁할 때,
화장실에서도 매일 물을 사용하지요.
생활 공간을 벗어나 논이나 밭에서 벼와 채소를 키울 때,
공장에서 물건을 깨끗이 씻을 때 등, 모든 곳에서 물이 쓰여요.
언젠가 꽤 오랫동안 비가 오지 않았어요.
산에서 흘러 내려오는 계곡물이 마르자
강 아래쪽 마을에서 쓸 물이 부족해졌지요.
"큰일이야! 이런 일이 일어나기 전에
어딘가에 물을 모아 두었으면 좋았을 텐데……."
댐은 이럴 때를 대비해 만든 시설이에요.
강에 물이 풍부할 때 댐에 모아 두었다가
물이 부족해서 위기가 닥치면 흘려보내 모두가 쓸 수 있도록 하지요.
반대로, 비가 너무 많이 내려 강물이 넘치려고 할 때는
댐 가득 물을 가두어 홍수를 막을 수 있어요.
이런 이유로 댐을 만들어요.
댐은 어떻게 만들까요?
차곡차곡 만들어지는 과정을 들여다볼까요?

댐을 만들자

여기에 댐을 만들자.
물을 충분히 모아 두어 예상치 못한 일이 일어나도
모두의 생활을 지킬 수 있도록.

도로를 만들자

댐을 만드는 공사 현장은 아주 넓어.
커다란 중장비가 일해야 하므로,
현장 이곳저곳으로 이동할 수 있게
공사용 도로를 만들어야 해.
나무를 베고 땅을 평평하게 다듬고,
눌러서 단단하게 해.
공사와 관계없는 사람은
공사 현장에 들어올 수 없어.
그래서 마을 사람들이 이용할
도로도 새로 만들어. 공사 현장을
피해서 크게 둘러 가는 도로지.
산이나 계곡을 지날 수 있게
터널이나 다리를 짓기도 해.

그래플

굴착기의 긴 팔(암) 끝에 나무를 집을 수 있는 도구를 단 것. 자른 나무들을 정리하거나 트럭에 쌓아 싣는 일을 해요.

다리 설치

댐 위로 지나가는 도로에는 다리를 설치해요. 계곡에 다릿기둥(교각)을 세운 뒤, 널빤지 모양의 상판을 좌우로 평평하게 깔아 산과 산을 연결하지요.

자른 나무는 어디로?

굵은 줄기는 목재로 사용해요. 가는 줄기는 예전엔 버리는 경우가 많았지만, 지금은 잘게 부수어 연료로 쓰거나 댐 근처에 깔아요.

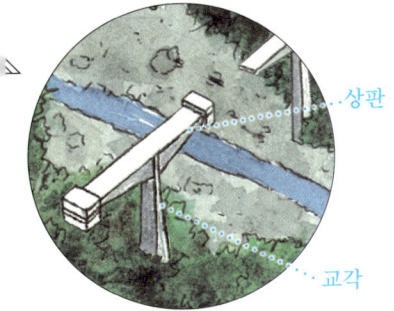

상판

교각

강물의 흐름을 바꾸자

댐을 지을 때는 강도 공사 현장이 돼.
강에 물이 흐르거나 물웅덩이가 남아
있으면 공사를 할 수 없으니 강물의
흐름을 바꾸는 공사를 하는 거지.
먼저 강물이 흐르지 않게 막고,
새로 도랑을 파서 물의 흐름을 바꿔.
강물이 공사 현장을 피해
다른 방향으로 멀리 둘러서 흐르게
산에 터널을 만들기도 해.

강물 터널
강물을 흘려보내는 터널은 댐이 완성될 때까지만 잠시 사용해요. 공사가 끝나면 콘크리트로 터널을 막고 사용하지 않아요.

① 터널 만들기
산 가운데를 뚫어 터널을 만들어요.

❷ 강물 막기
흙을 쌓아 강물을 막아서 흐름을 바꿔요.

❸ 물 흘려보내기
터널로 흘러든 물을 출구로 흘려보내요.

공사 재료 운반

댐 공사 현장은 산속 깊은 곳에 있어. 댐을 만들 때는 산을 깎아 내거나, 가까운 강과 산에서 모래와 돌과 바위 등을 가져와서 공사를 해. 여러 가지 작업을 수월하게 할 수 있도록, 먼저 나무를 정리해. 나무를 자르고 뿌리를 뽑아서 땅을 평평하게 하는 작업을 몇 번이고 반복해. 그러는 사이에 조금씩 전망이 좋아지고 있어.

굴착기

팔(암) 끝에 단 버킷으로 긁어 담듯이 흙을 파내는 중장비.

불도저

흙 등을 누르고 펼쳐서 바닥을 평평하게 만드는 중장비.

재료를 구하는 곳

재료를 만드는 공장

댐을 만드는 재료

공사 재료는 가까운 강과 산에서 가져온 모래나 돌에 시멘트와 물을 섞어 만들어요. 이것을 CSG(Cemented Sand and Gravel)라고 하는데 '시멘트로 굳힌 모래나 돌'이라는 뜻이에요.

재료

모래, 돌, 바위
사용하기 좋은 크기의 것들을 골라요.

시멘트
석회석, 진흙, 석고를 섞어 구워서 가루로 만든 거예요.

물

드디어 댐 건설 시작!

댐에서 물을 가로막는 몸체 부분을 만들자. 댐은 산 사이의 골짜기에 만들어. 댐의 몸체는 크고 무거워서 부드러운 흙 위에 만들면 가라앉아 무너져 버려. 그렇게 되지 않도록 흙을 치우고 단단한 암반을 깎아 내어 모양을 다듬고 그 위에 몸체를 쌓아.

크고 무거운 사다리꼴 모양 댐

CSG(시멘트로 굳힌 모래나 돌) 주변을 튼튼한 콘크리트로 덧씌워 단단하게 만들어요.

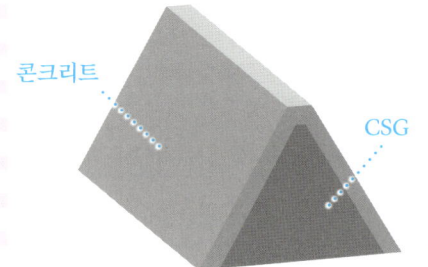

옆에서 보면 사다리꼴 모양이에요. 사다리꼴은 마주 보는 변 중 한 쌍이 평행인 사각형을 말해요.

트윈 헤더

팔 끝에 물건을 깎아 낼 수 있는 뾰족한 봉이 달린 중장비. 바위를 '벅벅' 긁어내어 경사진 부분의 모양을 다듬는 일 등에 쓰여요.

덤프트럭

짐받이를 아래로 기울여 짐을 쉽게 내릴 수 있는 트럭. 댐 공사 현장에는 55톤이나 되는 짐을 실어 나를 수 있는 대형 덤프트럭이 활약해요.

안전을 기원해요

몸체가 조금 완성되어 갈 즈음에 '정초식'을 해요. 댐 몸체 부근에 머릿돌을 묻으며 공사를 무사히 마치고, 완성된 댐이 안전하게 사용되기를 기원하죠.

타이어 지름이 2.4미터나 돼요!

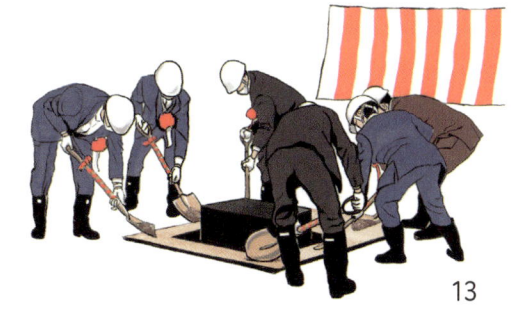

눌러 가며 굳히기

댐의 몸체를 아래쪽부터 한 단씩 차곡차곡 쌓아 가. 먼저 덤프트럭이 싣고 온 재료(CSG)를 불도저로 평평하게 펼쳐서 진동 롤러로 눌러 가며 굳혀.
한 단에 75센티미터 정도의 높이로 만들어. 만들려고 하는 댐의 높이에 따라 달라지는데, 이 댐에서는 150단 정도까지 이 과정을 반복해.

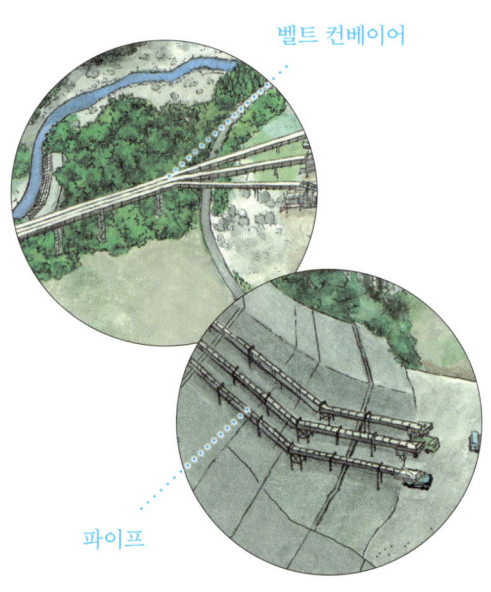

벨트 컨베이어

파이프

재료(CSG)는 공장에서 만들어 몸체에 가까운 산 위까지 벨트 컨베이어로 운반해요. 산 위에서 파이프를 통해 몸체 위에서 기다리는 덤프트럭으로 옮겨 싣지요. 그 뒤 필요한 장소까지 운반해요.

컴퓨터로 중장비를 움직인다!

댐 몸체를 만들 때 컴퓨터의 도움을 받아 자동으로 중장비를 움직일 수 있어요. 이렇게 하면 중장비가 쉬지 않고 오랜 시간 작업하여 공사를 빨리 끝낼 수 있거든요. 관제실의 컴퓨터에서 인터넷을 통해 명령을 보내면, 중장비는 명령대로 착착 작업을 진행해요.

덤프트럭

불도저

진동 롤러

GPS
인공위성을 사용해 중장비의 위치를 찾아요.

컴퓨터로 움직이는 핸들
GPS나 센서로부터 정보를 받아 운전해요.

센서
주변의 상황을 확인해요.

자동으로 움직이는 진동 롤러

관제실에서 일하는 사람은 인터넷을 통해 여러 중장비의 위치나 움직임을 파악해요. 혼자서 많은 중장비를 동시에 관리해요.

15

몸체를 더 단단하게

댐 몸체에 물이 스며들지 않도록, CSG로 쌓아 올린 몸체 바깥쪽에 콘크리트를 씌워 굳혀. 콘크리트는 CSG와 재료가 거의 같지만, 질이 좋은 자갈을 넣고 시멘트도 더 많이 써.
이렇게 하면 댐에 물이 스며들지 않을 뿐만 아니라 비와 바람과 햇볕을 견딜 수 있어.

콘크리트로 씌운다

CGS로 만든 댐 몸체 바깥쪽에 물이 잘 스며들지 않는 콘크리트를 씌워요. 콘크리트를 흘려보내 굳힐 때 필요한 틀은 중장비와 같은 방식으로 컴퓨터를 이용해 자동으로 이동하고, 설치해요.

틀을 자동으로 설치하는 장치

틀

길이 5미터짜리 철근

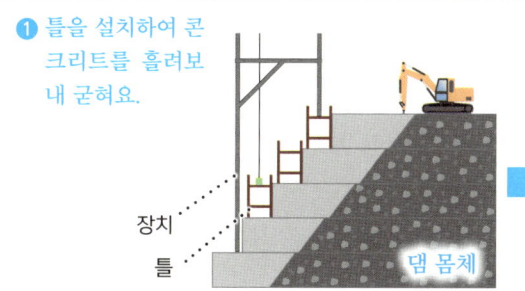

❶ 틀을 설치하여 콘크리트를 흘려보내 굳혀요.

장치
틀
댐 몸체

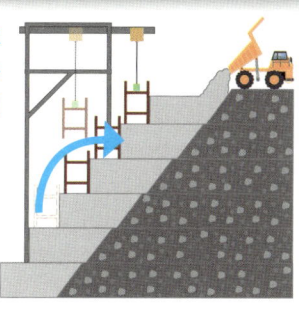

❷ 시멘트가 마르면, 크레인으로 틀을 다음 단에 올리고 콘크리트를 흘려보내요.

이것을 댐 본체가 완성될 때까지 몇 번이고 반복해요!

밤에도 굳혀서 단단하게

댐은 만드는 데 수년이 넘게 걸려. 그래도 생활에 꼭 필요한 도움을 주는 시설이므로 가능한 빨리 완성하는 게 좋아. 자동으로 일하는 중장비를 쓰면 공사 기간을 크게 줄일 수 있어. 사람을 대신해서 밤에도 공사를 진행할 수 있거든. 사람은 컴퓨터로 지켜보기만 하면 돼.

눈이 오는 계절엔 휴식

겨울에 추운 지방의 공사 현장에 눈이 쌓이면 공사도 쉬어요. 사람도, 물건도 공사 현장까지 닿기 어렵기 때문이죠. 따라서 공사를 최대한 빨리 하기 위해 자동 중장비가 큰 활약을 해요. 왼쪽 사진은 일본 아키타현에 건설한 나루세댐의 여름과 겨울 모습이에요. 겨울에는 어디가 댐인지 알 수 없을 정도로 눈이 쌓여 있어요.

동물에 대한 배려

댐을 만드는 현장은 대자연 속이에요. 가까이에 검독수리나 뿔매 같은 진귀한 새나 동물들이 살기도 하지요. 이런 새나 동물의 일상을 지켜 주기 위해 둥지 가까이는 피하고, 새끼를 키우는 계절에는 되도록 공사를 하지 않는 등 동물에 대한 배려도 잊지 않아요.

검독수리   뿔매

시설을 만들자

댐 몸체 공사를 하면서 주변 공사도 함께 진행해. 그중 하나가 수력 발전소야. 수력 발전소는 댐의 중요한 역할 중 하나인 전기를 생산하는 시설이야.
그 밖에 댐 몸체가 완성된 뒤에 점검할 수 있는 통로도 만들어. 몸체에 금이 가거나 물이 새지 않는지 등을 안에서 살필 수 있는 특별한 통로가 필요하거든. 이걸 '감사로'라고 불러.

수력 발전소

물의 힘으로 전기를 만든다

수력 발전소에서는 물을 높은 곳에서 낮은 곳으로 떨어뜨려서 수차(물레방아)에 연결된 발전기를 돌려 전기를 만들어 내요. 물을 떨어뜨리는 높이가 높을수록 전기를 많이 만들 수 있어요.

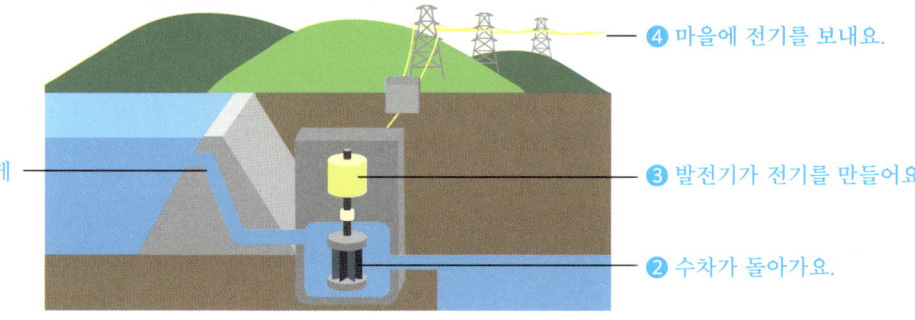

❶ 물이 힘차게 떨어져요.
❷ 수차가 돌아가요.
❸ 발전기가 전기를 만들어요.
❹ 마을에 전기를 보내요.

수력 발전소

몸체 안에 만들어진 감사로

감사로

댐을 오랫동안 안전하게 사용하기 위해 몸체 안에 특별한 통로를 만들어 검사할 수 있게 해요. 몸체에 금이 가지 않았는지, 물이 새지 않는지 등을 살피지요.

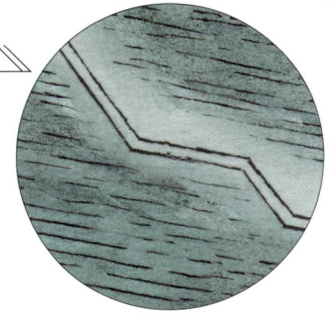

댐이 완성됐다!

[공사를 마치며]
멀지만 가까운 댐

댐에 물을 가득 채워 호수가 생기자, 물고기가 살고
새들도 찾아오게 되었어요. 공사로 어지러웠던 숲이 조용해지자
동식물도 다시 한적하게 살게 되었어요.
자연 속에 지어진 이 거대한 댐을 구경하려고
사람들이 모여들어요.

댐은 강에 흐르는 물의 양을 조절해요.
또 댐에 설치된 수력 발전소에서 전기를 만들어 마을 사람들의
생활을 편리하게 하지요. 댐은 먼 산속에 있어서 우리와는
관계없다고 생각하는 사람도 있겠지만,
사실은 우리의 생활을 지탱해 주는 친근한 시설이에요.

가 보고 싶은 댐을 찾아보세요. 어떤 지형에 있는지 알아보아요.
분명히 새로운 발견을 할 수 있을 거예요.

어떤 댐이 있지?
이런 댐이 있어!

댐의 시작
물을 보관하는 저수지

댐을 언제부터 만들기 시작했는지는 정확히 알려지지 않았어요. 댐은 물과 관련된 여러 가지 문제를 해결하기 위해서 만들어졌지요. 지금까지 알려진 가장 오래된 댐은 5,000년 전쯤에 만들어진 이집트의 사드 엘 카파라 댐이에요. 빈번하게 일어나는 나일강 홍수를 막고, 피라미드 건설 현장에서 일하는 사람이나 동물이 마실 물을 얻기 위해 만들었지요. 10년 이상 시간을 들여 돌을 쌓아 만들었지만, 공사 중에 홍수로 무너져 버렸다고 전해져요.

사드 엘 카파라 댐(이집트)
잘라 낸 돌을 쌓아 올린 흔적이 보여요.

우리나라에서 가장 오래된 댐은 1,700년 전쯤에 만들어진 김제 벽골제예요. 벽골제는 흙을 다져서 만들었는데, 높이가 4.3미터, 길이가 3,240미터나 돼요. 벽골제는 주변에 펼쳐진 드넓은 평야에 물을 대기 위해 만들었어요. 평소에는 수문을 닫아 물을 저장했다가 모내기를 비롯하여 논에 물이 필요한 때에 수문을 열어서 물을 공급했지요.

벽골제의 수문(전라북도 김제시)
지금은 제방과 수문 2개만 남아 있어요.

모양이 서로 달라! 여러 가지 댐

댐은 주변의 땅 모양이나 굳기 등, 여러 조건에 맞추어 물의 압력을 견딜 수 있도록 몸체의 모양을 정해요. 아래에 몇 가지 종류를 소개할게요.

아치 댐

콘크리트 댐의 하나로, 몸체가 곡선이라 댐에 가해지는 물의 압력을 양쪽에 둘러싼 산이나 암반으로 분산해서 지탱해요. 암반이 단단한 곳에 만들 수 있어요.

엘 아타자르 댐(스페인 마드리드)
ⓒ Wikimedia Commons

중력 댐

콘크리트를 많이 사용해 만든 묵직한 댐. 물이 누르는 힘을 무거운 댐 몸체만으로 지탱해요. 암반이 단단한 곳에 만들어요.

충주 댐(충청북도 충주시)
ⓒ Wikimedia Commons

록필 댐

진흙, 모래, 암석을 쌓아 올려 만든 댐. 다른 댐만큼 몸체가 무겁지 않아서 암반이 단단하지 않은 곳에도 만들 수 있어요.

평화의 댐(강원특별자치도 화천군)
ⓒ 한국관광공사

사다리꼴 CSG 댐

주변 산을 깎을 때 나온 모래와 암석을 시멘트로 굳혀서 만든 댐이에요. 공사 현장 가까이에 있는 재료로 만들어 친환경적이에요.

도베쓰 댐(일본 홋카이도)
ⓒ Wikimedia Commons

엄청나다! 멋지다!
세계의 댐

대한민국

소양강 댐

대한민국에서 가장 높은 댐

높이가 123미터, 길이가 530미터인 다목적 댐으로, 현장 근처의 흙과 모래와 자갈을 다져 몸체를 만들었어요. 댐 공사로 만들어진 소양호는 29억 톤이나 되는 물을 가둘 수 있어, 수도권에 안정적으로 물을 공급하고 홍수도 막아 주지요.

미국

후버 댐

미국 서남부를 지원하는 댐

높이가 221미터, 길이가 379미터인 다목적 댐. 콜로라도의 계곡을 막아 지었어요. 대도시인 라스베이거스와 로스앤젤레스에 전기와 수도를 공급하고, 주변 밭에도 물을 대고 있어요.

캐나다

대니얼 존슨 댐
아치 모양이 재미있어!
몸체의 높이가 214미터, 길이가 1,314미터나 되는 커다란 댐이에요. 나란히 늘어선 아치 여러 개가 댐을 튼튼하게 지탱하지요. 이런 댐은 암반이 단단한 곳에만 만들 수 있어요.

중국

싼샤 댐
발전량이 세계 제일!
중국에서 가장 긴 강인 양쯔강에 세워진 댐이에요. 몸체 높이가 185미터, 길이가 2,309미터나 될 정도로 크지요. 우리나라 소양호보다 13배 많은 물을 가둘 수 있어요.

레소토

가체 댐
무지개송어가 사는 댐
해발 2,000미터 높이에 있고, 몸체의 높이가 185미터, 길이가 710미터예요. 아프리카에서 두 번째로 큰 댐이지요. 호수의 차고 맑은 물에는 특산품인 무지개송어가 살고 있어요.

스위스

그란데 디상스 댐
아름다운 경치로 유명한 댐
몸체의 높이가 285미터, 길이가 695미터인 댐으로 스위스에서 사용되는 전기의 5분의 1을 생산하고 있어요. 알프스 산맥에 있어 경치가 아름다운 것으로 유명하지요. 이곳 댐에 가두어진 물은 거의가 산 위 빙하가 녹은 물이래요.

댐 공사에서 활약하는
중장비들

굴착기

팔 끝에 달린 버킷으로 긁어내듯이 흙을 파요. 버킷 대신 다른 것으로 바꿔 달 수도 있어요. 댐 공사에서는 대형 굴착기 등 특히 덩치가 큰 중장비가 활약해요.

버킷
암(팔)

크롤러 드릴

바위산 등을 폭발시킬 때, 단단한 지면을 파내 화약을 설치할 공간을 만들어요.

불도저

흙 등을 누르고 펼쳐서 바닥을 평평하게 만드는 중장비.

롤러 롤러

바이백

굴착기에 진동기를 연결한 거예요. 콘크리트를 흘려 넣은 곳에 진동기를 담가 진동을 주어서 콘크리트를 단단히 굳혀요.

진동 롤러

무거운 롤러로 지면을 편평하게 다져요. 롤러가 '부르르' 진동하면, 그 진동의 힘으로 지면을 단단히 굳히는 원리예요.

덤프트럭

무거운 짐을 운반하는 트럭이에요. 특히 대형 덤프트럭은 트럭 자체가 엄청나게 무거워서 공사 현장 밖에 있는 길로는 나가지 않아요.

그림 후지와라 데츠지

일본 사이타마현 출신으로 구와사와 디자인 연구소 드레스 디자인학과를 졸업하고,
일러스트레이터이자 그래픽 디자이너로 활약하고 있어요. 사인펜으로 진한 선과 획을 중심으로
표현하는 생생한 일러스트 스타일을 추구해요. 복고풍 질감으로 깊이 있는 느낌을 주어
추억 속의 한 장면을 연상하게 해 주는 매력이 있어요.

옮김 최진선

이화여자대학교 대학원에서 여성학을, 일본 시가현립대학교 대학원에서 여성사를 공부했어요.
지금은 일본 간세가쿠인대학교 등에서 한국어를 강의하며 연구와 번역을 하고 있어요.
『나쁜 생각은 나빠?』,『죽음은 돌아가는 것』,『튼튼하게 다리』,『탄탄하게 도로』,
『플라잉 메이저호의 세계 일주 하늘 여행』,『원소 이야기』,『아베 히로시의 북극 그림 여행기』 등을
우리말로 옮겼어요.

감수 **김성렬** (서울대학교 공과대학 건설환경공학부 교수)

처음 공학 그림책 6

차곡차곡 댐

2025년 4월 14일 초판 1쇄 인쇄
2025년 5월 5일 초판 1쇄 발행

그린이	후지와라 데츠지
옮긴이	최진선
펴낸이	김상미, 이재민
편집	송미영
디자인	나비
펴낸곳	(주) 너머 _ 너머학교
주소	서울시 서대문구 증가로20길 3-12 1층
전화	02)336-5131, 335-3366, 팩스 02)335-5848
등록번호	제313-2009-234호
ISBN	979-11-92894-69-0 74530
ISBN	797-11-92894-70-6 74530 (세트)

DANDAN DEKITEKURU DAM
Copyright ⓒ Froebel-kan Co., Ltd. 2024
First published in Japan in 2024 by FROEBEL-KAN Co., Ltd.,
Korean translation rights arranged with FROEBEL-KAN Co., Ltd.,
through JM Contents Agency Co,
Korean edition copyright ⓒ 2025 by Nermerbooks

Supervised by KAJIMA CORPORATION
Illustrated by FUJIWARA Tetsuji
Designed by FROG KING STUDIO (KONDO Takuto・MORITA Naoki)
Editorial Corporation by WILL (TOBE Chihiro・KOBAYASHI Masami)
Photos by KAJIMA CORPORATION

너머북스와 너머학교는 좋은 서가와 학교를 꿈꾸는 출판사입니다.
https://blog.naver.com/nermerschool

생활 속 건축물이 만들어지는 과정을 담은 처음 공학 그림책

1 차근차근 아파트
2 탄탄하게 도로
3 단단하게 터널
4 튼튼하게 다리
5 짱짱하게 놀이공원
6 차곡차곡 댐